Couvertures supérieure et inférieure manquantes.

# QUELQUES FAITS
# DE L'HISTOIRE DE SAVOIE

### Par CARTERET
*Inspecteur de l'enseignement primaire.*

---

**Période préhistorique.** — Il existe en Savoie des traces d'une race d'hommes dont on ne connaît pas l'histoire; on a trouvé des vestiges de leurs habitations, bâties sur pilotis, dans le lac du *Bourget* (Tresserve, Brison-Saint-Innocent, Châtillon, Conjux), dans le lac d'*Annecy* et dans le lac *Léman* (Messery, Rive).

Ces hommes connaissaient l'usage du feu, cultivaient le sol, savaient tisser des étoffes et se servaient d'outils et d'instruments en pierre taillée ou polie; de curieux spécimens de ces objets sont au musée de Chambéry.

On attribue aussi à ces peuples les monuments mégalithiques (pierres branlantes, pierres à godets, menhirs, dolmens, etc.), formés d'énormes pierres brutes. Les sépultures des principaux personnages sont des *tumuli* ou amas de terre en forme de cônes.

**Époques gauloise et romaine.** — Les Celtes et les Kimris, confondus sous le nom de Gaulois, envahirent le pays; les principales peuplades qui s'y fixèrent furent: les *Allobroges* (de Genève à Aiguebelle et même jusqu'à Vienne), les *Centrons* (Moutiers), les *Garocelles* (Saint-Jean-de-Maurienne), les *Médules* (Miolans) et les *Bramovices* (Bonneville).

Ces nouveaux habitants étaient braves et énergiques.

Les Allobroges, chefs de la redoutable ligue des tribus *Sapaudes*, secoururent les Gaulois cisalpins attaqués par les Romains; mais, à leur tour, après une lutte acharnée, ils furent défaits, comme les Arvernes, leurs alliés, et obligés de se soumettre aux Romains (121 av. J.-C.); l'*Allobrogie* fit partie de la Gaule Narbonnaise, puis de la Viennoise.

Le peuple conquérant imposa aux vaincus ses lois, ses coutumes, sa langue; il enrichit le territoire de routes, de monuments dont on trouve des restes en beaucoup d'endroits, notamment à *Aix-les-Bains*, à *Aime*, à *Aiguebelette*, à *Arith*, à *Saint-Genix*, etc.

**Période barbare.** — La grande invasion mit fin à la tranquillité et à la prospérité gallo-romaine; ce furent les *Burgundes* qui, vers 407, se fixèrent dans la vallée du Rhône et en particulier dans le pays que depuis peu l'on appelait *Savoie*.

Clovis et ses fils ayant soumis les Burgundes (534), la Savoie se trouva ainsi rattachée au royaume des Francs. Le roi Gontran, fils de Clotaire I$^{er}$, repoussa les Lombards qui avaient ruiné Saint-Jean-de-Maurienne, en 575, et céda en toute souveraineté à l'évêque de cette ville dix-huit communes de la vallée.

Pépin et Charlemagne traversèrent plusieurs fois les Alpes pour se rendre en Italie. Lors du traité de Verdun (843), la Savoie fut comprise dans la *Lotharingie* dont la partie occidentale fut réunie à la France en 869 par le traité de Mersen. Charles le Chauve, venant de secourir le pape menacé par les Sarrasins, fut empoisonné au *Mont-Cenis* par son médecin et mourut, dit-on, à *Avrieux* (877).

**Royaume d'Arles.** — Son gendre, *Boson*, se fit couronner roi de la Bourgogne cisjurane (879); son royaume, dont la Savoie faisait partie, fut réuni (933) à celui de la Bourgogne transjurane pour former le *royaume des Deux-Bourgognes* ou *royaume d'Arles*. Un des successeurs de Boson, *Conrad le Pacifique*, régna de 937 à 994; une tradition prétend qu'il mit aux prises, dans un défilé de la Maurienne, les Sarrasins, qui s'étaient emparés des cols des Alpes pour y rançonner les voyageurs, et les Hongrois, qui s'avançaient par l'Est; sur la fin de la bataille, il intervint pour exterminer le reste des combattants.

Son fils, *Rodolphe III*, dut céder par testament son royaume à Conrad le Salique, empereur d'Allemagne : mais celui-ci n'en prit pas possession paisiblement; le duc de Souabe et le comte de Champagne lui contestaient cet héritage. *Humbert aux Blanches mains*, comte de Maurienne, amena une armée au secours de l'empereur, qui reconnut ce service en lui accordant en toute propriété les territoires qu'il commandait (1032). C'est là l'origine de la puissance de la maison de Savoie, qui règne encore aujourd'hui sur l'Italie.

En 1036, Conrad ajouta à son premier don une partie du *Faucigny* (Bonneville), le *bas Chablais* (Thonon) et le *val d'Aoste*.

**Comtes de Maurienne.** — On croit qu'Humbert aux Blanches Mains avait eu pour père *Bérold de Saxe*, qui, sous le dernier roi d'Arles, commandait en Maurienne et dans la Savoie proprement dite; on attribue à Bérold la construction de la tour du *Châtel* et du château de *Charbonnières* (près d'Aiguebelle), berceau de la maison de Savoie.

Les empereurs d'Allemagne n'étaient guère que de nom suzerains de la Savoie; les évêques de Tarentaise et de Maurienne, les comtes de Genève, les sires de Faucigny, les comtes de Maurienne étaient presque indépendants; ceux-ci, entreprenants et habiles, surent agrandir leurs domaines, augmenter leur pouvoir par des conquêtes et des alliances.

*Amédée II* recueillit le Piémont, héritage de sa mère.
*Humbert II* reçut la soumission de la Tarentaise.
*Amédée III* prit part à la deuxième croisade; il fonda les abbayes de *Tamié* et de *Hautecombe*; cette dernière, bâtie vers 1140, servit de tombeau aux princes de Savoie; elle fut rebâtie en 1743 et restaurée par Charles-Albert en 1824.

Ce fut le 24 décembre 1249 qu'un tremblement de terre occasionna la chute d'une partie du Mont-Grenier qui ensevelit la petite ville de Saint-André, au lieu appelé aujourd'hui les abîmes de *Myans*.

*Amédée V* acquit par mariage (1292) la *Bresse*, le *Bu-*

gey et une partie du pays de *Gex*. Il contribua à la victoire que Philippe le Bel remporta sur les Flamands à Mons-en-Puelle (1304). Ce fut lui qui, en mémoire du secours qu'il apporta aux Chevaliers Hospitaliers assiégés dans Rhodes par les Turcs (1315), introduisit dans ses armes la Croix blanche des chevaliers.

Le comte *Édouard le Libéral* réprima l'insurrection des *Arves* contre l'évêque *Aimé de Miolans* qui avait dû fuir jusqu'à Aiguebelle (1327). Ainsi que le comte *Aimon*, il prit parti pour Philippe VI contre les Anglais; leurs successeurs furent également alliés des rois de France.

De bonne heure, dans la Savoie, les communes reçurent des franchises; l'évêque de Maurienne concéda des privilèges à tous les habitants de sa terre dès 1312; le comte *Amédée VII* fit aussi (1391) d'importantes concessions à *Conflans*, *La Chambre* et *Saint-Michel*.

**Ducs de Savoie.** — Le comte *Amédée VIII* acheta le *Genevois* en 1401, intervint dans les guerres civiles de la France, recouvra le *Piémont*, détaché de la Savoie depuis 1285, et étendit de tous côtés les frontières de ses États. Ce fut sous sa minorité que les trois états de Savoie commencèrent à se tenir régulièrement. Il obtint de l'empereur Sigismond le titre de *Duc* en 1416; à cette occasion, de brillantes fêtes eurent lieu à *Chambéry*, un tournoi se tint *au Verney*. Environ vingt ans après, il abandonna le pouvoir à son fils *Louis Ier* pour se retirer au château de *Ripaille*, près du lac Léman; en 1439, il fut élu pape sous le nom de Félix V.

Le duc Louis assista son gendre, le roi de France Louis XI, dans la Ligue du Bien public et combattit à Montlhéry (1465). La sœur de Louis XI, *Yolande*, épousa le duc *Amédée IX* : après la mort de son mari, Yolande, régente du jeune *Philibert*, dut défendre ses États contre Charles le Téméraire et contre Louis XI; celui-ci, reconnu protecteur de Philibert par les états de Savoie, suscita la compétition des oncles du jeune duc pour amener la Savoie à se donner à lui : il n'eut pas le temps d'accomplir son œuvre.

*Charles Ier*, cinquième duc, hérita du titre de roi de Chypre et de Jérusalem.

*Louise de Savoie*, fille du duc *Philippe II*, épousa en 1488 Charles d'Angoulême ; de ce mariage naquit François I$^{er}$.

Les ducs de Savoie restèrent à peu près neutres pendant les expéditions de Charles VIII et de Louis XII en Italie.

Lorsque François I$^{er}$ tenta la conquête du Milanais, les Suisses voulurent lui fermer le passage, mais les habitants de la Maurienne se portèrent en foule au Mont-Cenis et firent si bonne contenance que les Suisses n'osèrent approcher.

*Charles III*, neuvième duc, entra dans la Ligue de Cambrai contre Venise et ses troupes combattirent à *Agnadel*. Il fut hésitant dans la rivalité de François I$^{er}$ et de Charles-Quint. Le roi de France, saisissant un prétexte, envoie une armée s'emparer de la *Bresse*, du *Bugey*, de la *Savoie* ; *Montmélian* est livré, la *Tarentaise* conquise malgré sa résistance ; *Turin* est pris et reste au pouvoir des Français (1535). La trêve de Nice et la paix de Crespy laissèrent les Français en possession de la Savoie, malgré que les ducs fussent vassaux de l'Empire.

Le fils de Charles III, *Emmanuel-Philibert*, s'était mis au service de Charles-Quint, son oncle ; il prit part au siège de Metz en 1552, et fut nommé, l'année suivante, général en chef de l'armée impériale ; il détruisit Thérouanne et Hesdin, mais fut battu à Renty par Guise et Tavannes ; en 1557, il remporta une brillante victoire sous les murs de Saint-Quentin, dont il s'attarda à faire le siège ; il eût mieux servi sa cause en marchant sur Paris. En 1558, il fait essuyer un nouvel échec aux Français devant Gravelines. Enfin le traité du Cateau-Cambrésis (1559) donne en mariage à Philibert-Emmanuel Marguerite de Valois, sœur de Henri II, et rend au duc ses États, moins *Pignerol* et *Turin*. Cette dernière ville fut restituée en 1563 ; Emmanuel-Philibert en fit sa capitale. A partir de ce moment, la Savoie fut négligée ; ses états généraux supprimés furent remplacés par un *Sénat* qui devint très puissant. Pignerol fut rendu par Henri III lorsqu'il traversa le pays en revenant de Pologne (1574).

Charles-Emmanuel, prince ambitieux, profite des guerres religieuses en France pour s'emparer du marquisat de *Saluces*, encore occupé par les Français; il se présente comme candidat au trône des Valois, et, en attendant, met la main sur le *Dauphiné* et la *Provence*. *Lesdiguières*, qui commande en Dauphiné, le combat avec 5,000 hommes et montre le premier comment l'on peut défendre les Alpes avec peu de troupes. Il marche sur *Chambéry*, bat *dom Amédée* à *Pontcharra*, surprend Saint-Jean-de-Maurienne, se montre sur les côtes de la Méditerranée, enlève Antibes et menace les plaines du Piémont (1592). Le duc accourt et l'arrête à *Exilles*. En 1597, nouvelle campagne de Lesdiguières, qui entre en Maurienne par *Foulcouverte* avec 6,000 hommes, prend Saint-Jean, Saint-Michel, *Aiguebelle* et divers châteaux, entre autres celui de *la Garde*, à Villargondran; ce château, appartenant à l'évêque, fut détruit. Charles-Emmanuel arrive par la Tarentaise et, ne pouvant déloger Lesdiguières abrité sous le fort *des Mollettes*, fait construire en toute hâte le fort *Barraux* pour incommoder Grenoble et couvrir Chambéry. Puis, l'année suivante, le duc reprend Aiguebelle, bat à *Epierre* le maréchal de *Créqui* amenant une armée de secours, le fait prisonnier dans les *Cuines* et entre à Saint-Jean. Lesdiguières venge cet échec en s'emparant en deux heures du fort Barraux.

Le traité de Vervins (1598) confirma celui du Cateau-Cambrésis. Charles-Emmanuel, tout en flattant Henri IV et ses généraux, entretenait des intrigues avec les ennemis de la France. Une nouvelle expédition des Français fut menée rapidement : la ville de *Bourg* est prise, la Bresse et le Bugey envahis; Crillon se saisit des faubourgs de Chambéry, la ville se rend au roi; *Charbonnières* ne résiste pas quinze jours à Rosny; Lesdiguières conquiert la Maurienne, puis la Tarentaise. Le duc donnait un bal à Turin, lorsqu'il apprit la nouvelle de cette invasion. Après avoir inutilement attendu les secours que l'Espagne lui avait promis, il franchit le *petit Saint-Bernard* et vient camper à *Aime*; Henri IV était à *Moutiers*; une neige abondante empêcha les armées de se joindre.

Par le traité de *Lyon* (1601), le duc de Savoie dut céder à la France la *Bresse*, le *Bugey*, le *Valromey* et le pays de *Gex*; il reçut en échange le marquisat de *Saluces*.

Un nouveau traité (Brussol, 1610 resserra l'alliance des deux États et promit la main de Christine, fille de Henri IV, à *Victor-Amédée*, prince de Piémont.

C'est grâce à cette alliance que Richelieu put expulser les Espagnols de la Valteline; placée entre la Suisse et le Milanais, cette vallée pouvait servir de trait d'union entre les deux branches de la maison d'Autriche.

*Charles-Emmanuel*, se plaignant de n'avoir pas été récompensé à propos de la succession du Mantouan et du Montferrat, fait alliance avec les Espagnols et bat d'abord les Français à *Château-Dauphin*; mais Louis XIII passe le col de *Genèvre*, et force le pas de *Suze* malgré de formidables retranchements (1628). On entame des négociations, on signe même un traité que rompt le duc, et la guerre recommence. Richelieu s'empare de *Pignerol* (1630); la Savoie est envahie et la plupart des villes ouvrent leurs portes; seul, *Montmélian* résiste pendant treize mois; pendant ce temps les Français sont aux prises avec les Espagnols dans le Piémont. La paix de *Ratisbonne* (1630) ne satisfait personne et les hostilités continuent. Les Espagnols assiégeaient *Casal* et l'armée française s'avançait pour les attaquer, quand un jeune Italien, qui devint le cardinal Mazarin, accourut annonçant la paix. Les négociations, qui avaient en effet été reprises, aboutirent au traité de *Cherasco* (1631). La France ne conservait que *Pignerol*. Charles-Emmanuel était mort l'année précédente, laissant la couronne à son fils *Victor-Amédée I*$^{er}$.

Pendant la guerre de Trente Ans, ce duc fut l'allié de la France; il seconda, avec quelques ménagements toutefois, le maréchal *de Créqui* en Piémont et mourut en marchant sur Milan (1637). Sa veuve, régente pour son fils *Charles-Emmanuel II*, dut résister aux entreprises ambitieuses de Richelieu, qui voulait s'emparer du jeune prince et de ses États. L'armée française continue de lutter en Piémont sous les ordres du comte d'*Harcourt* et de *Turenne*; ils remportent des succès sur les Espagnols à *Casal*, à *Turin*, à *Ivrée*. La mort de Richelieu et celle de Louis XIII ralentissent la guerre, qui reprend en 1647; le maréchal *Duplessis-Pralin* remporte une grande victoire à *Crémone*. La paix de *Westphalie* (1648) laissa Pignerol à la Savoie.

Malgré la paix, les Espagnols continuent les hostilités, qui ne cessent qu'au traité *des Pyrénées* (1659).

Charles-Emmanuel avait embelli Turin et accru les fortifications de Montmélian.

Son fils, *Victor-Amédée II*, qui lui succède en 1675, s'étant affilié à la Ligue d'Augsbourg, voit ses États envahis par *Catinat*, qui prend *Montmélian*, remporte les victoires de *Staffarde* (1690) et de *la Marsaille* (1693). Un traité particulier fut conclu à *Vigevano*, par lequel Espagnols, Autrichiens et Français s'engageaient à faire sortir de l'Italie toutes les troupes étrangères que la guerre y avait appelées. Ce traité fut suivi de la paix générale de *Ryswick* (1697). Par son testament, le roi d'Espagne avait désigné le duc de Savoie pour occuper le trône en cas d'extinction de la race du duc d'Anjou.

Dans la guerre de la succession d'Espagne, Catinat oblige le duc de Savoie à prendre le parti de Louis XIV, et par conséquent du roi d'Espagne, qui avait épousé la fille du duc. Catinat est d'abord battu à *Carpi* par les Autrichiens et resserré entre *Peschiera* et *Mantoue*; il rejette les torts sur le duc de Savoie qui retient ses troupes en Piémont. *Villeroi*, qui lui succède, se fait battre à *Chiari* (1701) et prendre à *Crémone* par le prince *Eugène de Savoie*; *Vendôme* le remplace et livre à *Luzzara* une bataille qui reste indécise.

Victor-Amédée, mécontent de ses alliés, prend le parti de l'empereur. Les Français envahissent la Savoie, assiègent Montmélian, qui succombe après une résistance de dix-huit mois (1706), et pendant ce temps s'emparent de *Suze*, de *Verceil*, remportent la victoire de *Cassano* et bombardent *Turin*; une victoire du prince Eugène devant cette ville oblige les Français à se retirer.

Le duc de Savoie envahit alors la *Provence*, mais il subit un échec devant *Toulon* et se voit repoussé. Le prince Eugène occupe *Suze* et le *Mont-Cenis*, pénètre en Maurienne, s'empare de tous les défilés qui communiquent avec le Dauphiné et se jette sur *Briançon*; mais *Villars* l'oblige de battre en retraite.

En 1709, les Austro-Piémontais envahissent la Tarentaise, repoussent les Français à *Moutiers*, à la *Roche-Cevins*, à *Conflans*, leur enlèvent *Annecy* et se montrent aux portes de Lyon. L'hiver, s'annonçant rigoureux, force les alliés à rentrer en Piémont. En 1711, sur les instances de la reine d'Angleterre, Victor-Amédée s'avance à la tête de ses troupes jusqu'à *Conflans*; cette fois encore l'hiver ramène l'armée austro-piémontaise sur le Saint-Bernard et sur le Mont-Cenis.

Pendant ces deux campagnes, le maréchal de *Berwick*, appuyé sur Briançon, avait tenu en échec un corps entier de l'armée ennemie.

Le traité d'*Utrecht*, qui fut conclu en 1713, rendit ses États au duc de Savoie et lui garantit une partie du *Milanais*, et l'île de *Sicile* avec le titre de roi. En 1720, par le traité de Madrid, le duc obtint la *Sardaigne* en échange de la Sicile que l'Espagne lui avait enlevée violemment.

**Rois de Sardaigne.** — Victor-Amédée II abdique en 1730; son fils, *Charles-Emmanuel II*, est le deuxième roi de Sardaigne.

Dans la guerre de la succession d'Autriche, Charles-Emmanuel prend parti pour Marie-Thérèse; une armée espagnole, à laquelle la France accorde passage, envahit la Savoie; le roi amène des troupes par la Maurienne et par la Tarentaise et repousse les Espagnols sous le fort *Barraux*. Il ne veut pas entrer sur le sol de la France, qui n'est pas en guerre avec lui.

Une armée espagnole plus nombreuse envahit de nouveau la Savoie en 1742, et forcé Charles-Emmanuel à regagner le Piémont. Par le traité de Worms, Marie-Thérèse accorde à son fidèle allié quelques parcelles de territoire en Italie.

De nouvelles campagnes sont entreprises en 1743 et en 1744 par les Espagnols, ayant à leur tête *dom Philippe*, et les Français, commandés par *Conti*, puis par *Maillebois*. Après quelques succès à *Coni* et à *Bassignano*, l'armée franco-espagnole occupe le *Piémont*, le *Milanais*, *Parme* et *Plaisance*; mais une défaite sous les murs de cette dernière ville oblige les alliés à repasser les Alpes; la Provence est envahie, mais bientôt dégagée; le chevalier de Belle-Isle livre devant *Exilles* un combat acharné où il trouve la mort; les Français se retirent sous Briançon. La paix d'Aix-la-Chapelle est conclue en 1748 ; la France ne retire aucun profit de ses victoires, aucune compensation de ses dépenses.

La Savoie demeura en paix pendant la guerre de Sept Ans.

Charles-Emmanuel étant mort en 1773, son fils *Victor-Amédée III* lui succéda. A l'occasion de son mariage avec l'infante d'Espagne (1775), il fit relever le château de *Chambéry* qui avait été incendié, ravagé pendant les guerres. Sa première fille fut mariée au *comte de Provence* (Louis XVIII), la seconde au *comte d'Artois* (Charles X). C'est à l'occasion de ces mariages que le roi de Sardaigne disait : « Nous voilà Français au moins pour trois générations. » — « Il acheva d'abolir tous les vestiges de redevances féodales et de droits seigneuriaux, de telle sorte qu'au moment de la Révolution, la Savoie possédait un état social bien meilleur que celui qui subsistait encore en France. » (Dict. Larousse).

Cependant sous l'impulsion de ce qui se produisit en France, des réunions politiques ou clubs se formèrent. Les Savoisiens présentèrent le 29 mai 1792 une adresse à l'Assemblée législative pour lui demander d'affranchir leur patrie ; ils apportaient un don patriotique pour les frais de la guerre.

La Convention se réunit le 21 septembre 1792 ; le lendemain *Montesquiou* mit le pied en Savoie ; après quelques tentatives de résistance à *Chapareillan*, les troupes piémontaises évacuèrent la Savoie, poursuivies par la Légion allobroge qui secondait les Français. Montesquiou entra à *Chambéry* le 24 septembre, au milieu des cris de joie de la population.

Le 14 octobre, le peuple fut appelé à délibérer sur la forme de gouvernement qu'il lui conviendrait d'adopter. Chaque commune nomma un député pour la représenter à l'Assemblée nationale des Allobroges et y porter son vœu. Sur 655 communes, 580 exprimèrent leur désir de voir la Savoie incorporée à la République française ; la plupart des autres avaient donné à leurs députés le pouvoir de choisir et d'adopter pour elles la forme de gouvernement que l'Assemblée jugerait la plus convenable à la nation savoisienne.

Dans sa séance du 27 octobre, l'Assemblée nomma

les députés qui devaient porter à la Convention nationale le vœu général de la nation des *Allobroges*.

Un mois après, la Convention décrète que la Savoie formera un 84ᵉ département sous le nom de département du *Mont-Blanc*, (27 nov. 1792).

Pendant vingt-deux ans, la Savoie suivit les destinées de la France et fournit à la République ainsi qu'à l'Empire de solides troupes et de bons généraux.

*Victor-Amédée III* avait d'abord résisté aux conseils du comte et de la comtesse d'Artois et d'autres émigrés réfugiés à Chambéry, à Turin et à Nice ; il s'était cependant décidé et était entré dans la coalition. Après avoir défendu le col de *Tende*, il confia une armée au duc de *Montferrat* pour reprendre la Savoie. Ce général divisa ses troupes en trois corps : le premier, s'avançant par le val d'Aoste et le petit Saint-Bernard, envahit le *Faucigny*, s'empara de *Sallanches* et de *Cluses* ; le deuxième, qui dans la Tarentaise avait battu les Français à *Bonneval* et à *Moutiers* (18 août 1793), fut arrêté par eux à *Conflans* ; enfin le troisième, opérant en Maurienne, repoussa le général *Ledoyen* jusqu'à *Aiguebelle*. A la nouvelle de cette retraite, *Kellermann*, général en chef, accourt de Lyon ; des troupes s'avancent par le *Faucigny* et par *Valloires* pour couper la retraite aux Sardes ; en même temps des renforts sont expédiés aux troupes d'Aiguebelle et de Conflans, qui reprennent courage ; de *Saint-Alban d'Hurtières*, Kellermann canonne le marquis *de Cordon* qui s'était retranché à *Epierre* et le force à battre en retraite jusqu'à *La Chambre* ; l'arrivée des Français par *le Galibier* et le col *des Encombres* hâta sa retraite ; le duc de Montferrat dut combattre à *Saint-Germain* pour donner à ses troupes le temps de se rallier, il courut même le danger d'être pris avant de passer le petit Saint-Bernard. En mars 1794, le général *Dumas* échoua dans une attaque des deux passages du Mont-Cenis ; il fut plus heureux le 24 avril au petit Saint-Bernard et revint le 14 mai réparer son échec au col du Mont-Cenis, qui fut enlevé malgré des redoutes formidables.

*Bonaparte*, ayant tourné les Alpes par le sud, imposa à Victor-Amédée le traité de Paris, qui cédait à la France la *Savoie* et les comtés de *Nice*, de *Tende* et de

*Beuil* (15 mai 1796). Victor-Amédée mourut la même année ; son fils *Charles-Emmanuel IV*, d'abord allié des Français, se vit cependant dépouiller de ses États par le Directoire et fut obligé de se retirer en Sardaigne.

Le traité de Vienne (15 nov. 1815) rétablit dans son royaume *Victor-Emmanuel I*ᵉʳ qui voulut gouverner en monarque absolu et abdiqua plutôt que d'accorder une constitution (1821).

Son neveu, *Charles-Albert*, accomplit des réformes qui furent suivies d'une charte libérale (4 mai 1848); le régime parlementaire eut une grande influence sur le développement économique de la Savoie.

C'est sous le règne de Charles-Albert que les deux bourgs de l'*Hôpital* et de *Conflans*, séparés par l'Arly, furent confondus sous le nom d'*Albertville*.

En 1848, les provinces italiennes soumises à l'Autriche par le traité de Vienne essayèrent de se révolter; une insurrection populaire chassa les Autrichiens de Milan; les princes italiens semblèrent s'associer à ce mouvement, mais Charles-Albert seul persista dans sa ligne de conduite ; il fut vaincu à *Custozza;* les républicains l'ayant entraîné dans une nouvelle campagne, il fut défait une seconde fois à *Novare* (mars 1849) et abdiqua.

Son fils *Victor-Emmanuel II*, sur les conseils de son ministre *Cavour*, envoya quelques troupes en Crimée pour aider l'armée anglo-française; il voulait ainsi s'attirer les sympathies de la France ; il y réussit. L'Autriche ayant envahi le Piémont en 1859, l'armée française vint au secours de Victor-Emmanuel; les victoires de *Montebello*, *Palestro*, *Magenta*, *Solférino*, furent suivies de la paix de *Villafranca* (11 juillet), qui cédait la Lombardie au Piémont.

En compensation, le roi de Sardaigne céda à la France *Nice* et la *Savoie*, que leur situation géographique, leurs mœurs, leur langage rendaient naturellement françaises (traité du 24 mars 1860). Un plébiscite, suivi de réjouissances publiques, sanctionna ce traité.

En 1870, la Savoie est venue vaillamment au secours de la mère-patrie en fournissant un nombreux contingent aux armées improvisées de la Défense nationale. Le 47ᵉ de ligne, à Freschwiller, était en grande partie composé de Savoyards; le 1ᵉʳ bataillon de mobiles fut

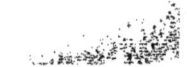

décimé à l'assaut du village de Béthoncourt, près de Belfort ; le 2ᵉ bataillon combattit à Beaune-la-Rolande.

Les chasseurs des Alpes et ceux du Mont-Blanc se signalèrent à Châtillon-sur-Seine, à Champ-d'Oiseau et devant Dijon. Tous se conduisirent avec honneur, et leur exemple ne serait pas perdu si la France se trouvait de nouveau en péril.

# NOTICES BIOGRAPHIQUES
## DES
# PERSONNAGES REMARQUABLES
## DU DÉPARTEMENT DE LA SAVOIE

### Par CARTERET,
*Inspecteur de l'enseignement primaire.*

---

### SEYSSEL

Seyssel (Claude de), né, vers 1450, à Aix, mort, le 31 mai 1520, à Turin, après avoir fait ses études de droit à Pavie, occupa d'abord une chaire d'éloquence à Turin; l'invasion française suspendit ses cours. Il fut appelé en France par Georges d'Amboise, ministre de Louis XII, fut nommé successivement conseiller d'État, maître des requêtes, ambassadeur auprès du roi d'Angleterre (1508); il entra dans les ordres et devint évêque de Marseille en 1509; il fut ambassadeur de France à la diète de Trèves en 1512, et au concile de Latran en 1517, enfin archevêque de Turin en 1517.

On a de lui quelques traductions d'auteurs grecs et quelques écrits historiques; nous citerons seulement *Les Louanges du bon roi Louis XII*.

Claude de Seyssel est le premier qui écrivit le français avec quelque netteté.

### MILLET DE CHALLES

Millet de Challes (Claude-François), né à Chambéry, en 1621, mort à Turin, en 1678, entra dans l'ordre des Jésuites, où il se fit remarquer par une aptitude extraordinaire pour les mathématiques. Nommé d'abord professeur royal d'hydrographie à Marseille, puis professeur de philosophie et de mathématiques à Lyon, il fut ensuite envoyé à Paris, où il enseigna pendant plusieurs années, et vint enfin à Turin.

Un grand ouvrage de mathématiques, en 3 volumes, qui comprennent 31 traités (coupe des pierres, charpente, navigation, etc.), lui fit une grande réputation et fut longtemps recherché.

### SAINT-RÉAL

Saint-Réal (César Vichard, abbé de), né à Chambéry, en 1639, mort dans cette ville, en 1692, partit à seize ans pour Paris, où il termina ses études chez les Jésuites. Ordonné prêtre, il n'en eut jamais que le costume, et brilla dans le monde par son esprit. Il revint à Chambéry en 1676 et fut bien accueilli de Charles-Emmanuel I<sup>er</sup>; il s'attacha à Hortense Mancini, nièce du cardinal Mazarin, et suivit en Angleterre la belle duchesse, dont il voulait écrire la vie. Il regagna Chambéry, fut nommé historiographe de la Savoie et membre de l'Académie de Turin; il eut quelques négociations à conduire pour Victor-Amédée II auprès du duc d'Orléans.

Son principal ouvrage est l'*Histoire de la conjuration des Espagnols contre la République de Venise*. Ses écrits historiques ne sont pas toujours conformes à la vérité.

### FRÉZIER

Frézier (Amédée-François), né à Chambéry, en 1682, mort à Brest, le 26 octobre 1773. — D'abord destiné au barreau, pour lequel il ne se sentait pas de vocation, Frézier s'engagea dans un régiment d'infanterie française, puis entra en 1707 dans le génie.

Ayant dirigé avec succès quelques travaux, il fut choisi par le gouvernement pour aller visiter les colonies espagnoles de l'Amérique du Sud. Il s'embarqua à Saint-Malo en 1712, visita les ports et les principales villes du Chili et du Pérou, passa au Brésil, puis aux Açores, et rentra à Marseille en 1714.

Dans son voyage, dont il publia une relation, il étudia

le gouvernement, les mœurs, le commerce et l'industrie des pays qu'il parcourait; il détermina la position des rades et des ports, et releva beaucoup d'erreurs commises sur les cartes de l'époque. Son rapport à Louis XIV lui valut une gratification.

Après trois ans de séjour à Saint-Malo, il fut nommé ingénieur en chef à Saint-Domingue; il dressa de cette île une carte très estimée.

Sa santé l'ayant obligé à revenir en France, il résida à Philipsbourg et à Landau, comme ingénieur, et fut enfin directeur de l'école du génie à Brest et des fortifications de Bretagne.

Il fut mis à la retraite sur sa demande, en 1764, avec le grade de lieutenant-colonel et la croix de Saint-Louis.

Il laissa, outre son récit de voyage, un *Traité des feux d'artifice* et un *Traité de la coupe des pierres et des bois*.

## BOIGNE (DE)

Boigne (Benoît Leborgne, comte de), né à Chambéry, en 1741, mort en cette ville, en 1830. — Fils d'un marchand de pelleteries, de Boigne suivit d'abord un régiment irlandais à l'Ile-de-France; il servit ensuite un corps grec, fut fait prisonnier, passa en Égypte, puis aux Indes, en 1786. Nommé par le prince mahratte Sindhyah général en chef de ses troupes, il les dressa à la discipline et aux manœuvres européennes, remporta des victoires éclatantes et aida le rajah à fonder un vaste empire.

De retour en Europe, en 1794, il employa à des œuvres de bienfaisance l'immense fortune qu'il avait acquise. Chambéry lui doit des rues nouvelles, un théâtre, des hospices, un dépôt de mendicité, un collège aujourd'hui lycée, etc. Sa statue en bronze surmonte une fontaine publique de sa ville natale.

## DOPPET

Doppet (François-Amédée), né à Chambéry, en 1753, mort à Aix, en 1800, s'occupa d'abord de médecine et écrivit contre le magnétisme. Lors de la

Révolution, il s'établit à Grenoble et alla bientôt à Paris; il travailla aux *Annales patriotiques* avec Carra et Mercier, devint un des membres les plus actifs du club des Jacobins, qu'il présida plusieurs fois, et fut un des acteurs de la journée du 10 août 1792. Il provoqua la réunion de Chambéry à la France et fut lieutenant-colonel de la Légion des Allobroges. Il servit sous Carteaux contre les fédéralistes, assista au siège de Toulon comme général de brigade, dirigea le siège de Lyon, en 1793, comme général en chef, commanda l'armée des Alpes et passa ensuite à celle des Pyrénées. Il tomba avec les Jacobins.

On a de lui des *Mémoires politiques et littéraires*.

### MAISTRE (Joseph de)

Maistre (Joseph-Marie, comte de), né à Chambéry, en 1754, mort à Turin, le 23 février 1821. — D'une famille originaire du Languedoc, Joseph de Maistre se destina d'abord à la magistrature et siégeait au Sénat de Savoie lors de la Révolution. Il se retira en 1792 dans la cité d'Aoste, revint en 1793 à Chambéry et, ayant refusé de prêter serment à la République, fut obligé de se réfugier à Lausanne. En 1797, il fut rappelé en Piémont et se retira à Venise lorsque Charles-Emmanuel se réfugia en Sardaigne.

En 1799, Joseph de Maistre rejoignit son roi, qui lui confia la grande chancellerie. En 1802, il fut envoyé comme ministre plénipotentiaire à Saint-Pétersbourg, où il resta quatorze ans; à son retour, il devint ministre d'Etat.

On lui doit de nombreux écrits politiques et religieux.

D'un dévoûment sans bornes pour le roi de Sardaigne, il se montrait favorable à la France et détestait l'Autriche et les Allemands.

Comme philosophe, il se montra d'un ultramontanisme exagéré et combattit avec acharnement, dans son livre *Du Pape*, la Révolution et la philosophie moderne.

## MAISTRE (Xavier de)

Maistre (Xavier de), né à Chambéry, en octobre 1763, mort à Saint-Pétersbourg, le 12 juin 1852. — Ayant suivi la carrière militaire, Xavier de Maistre devint officier dans l'infanterie de marine sarde. Lors de l'invasion de la Savoie, en 1792, il émigra en Russie, vécut d'abord de son talent de peintre, et, par la protection de son frère Joseph, entra dans l'administration de la marine, puis dans l'état-major. Il fit la guerre en Perse et devint général.

En 1794, retenu aux arrêts chez lui pendant quarante-deux jours, à la suite d'un duel, il combattit l'ennui en écrivant ses impressions, que son frère fit publier; c'est le *Voyage autour de ma chambre*. Ce n'est qu'en 1811 qu'il écrivit le *Lépreux de la cité d'Aoste*, et, vers 1820, le *Voyage nocturne autour de ma chambre*, les *Prisonniers du Caucase* et la *jeune Sibérienne*.

Un critique français a dit de Xavier de Maistre : « S'il appartient à la France par le langage, on peut dire qu'il tient déjà à l'Italie par la manière de conter. Tout est de vrai chez lui ; rien du roman, il copie avec une exacte ressemblance la réalité dans l'anecdote. L'idéal est dans le choix, dans la délicatesse du trait et dans un certain ton humain et pieux qui s'y répand doucement. »

## FODÉRÉ

Fodéré (François-Emmanuel), né à Saint-Jean-de-Maurienne, le 8 janvier 1764, mort à Strasbourg, le 4 février 1835. — Fodéré fit ses études médicales à la faculté de Turin, où il fut reçu docteur ; il alla se perfectionner à Paris, aux frais de Victor-Amédée III, à qui il dédia son premier ouvrage *Traité du goître et du crétinisme*, 1788. Il y demeura trois ans et se rendit en Angleterre, où il visita les hôpitaux ; à son retour en Italie, il fut nommé médecin juré du duché d'Aoste, puis médecin du fort de Bard.

Après 1792, il servit dans l'armée française comme

médecin et se maria à Marseille, où il faisait partie de l'armée de Carteaux.

Il fut ensuite nommé professeur de chimie et de physique à l'école centrale des Alpes-Maritimes, puis médecin de l'Hôtel-Dieu et de l'hospice des aliénés à Marseille. Etant médecin de l'hospice de Trévoux, il obtint au concours, en 1814, la chaire de médecine légale à la faculté de Strasbourg, où il termina sa carrière.

Les nombreux ouvrages que Fodéré publia sur la médecine lui acquirent une grande réputation. Le principal est son *Traité de médecine légale et d'hygiène publique*.

Une statue en bronze lui a été érigée dans sa ville natale.

## MICHAUD

Michaud (Joseph-François), né à Albens le 19 juin 1767, mort à Passy en 1839. — Après avoir fait ses études à Bourg, où son père s'était fixé depuis peu, Michaud vint à Paris en 1791 et écrivit d'abord dans le journal *la Quotidienne* en faveur de la monarchie.

Arrêté en 1795, cité devant une commission militaire, il s'échappa, fut condamné à mort, grâcié l'année suivante et se mit à écrire de nouveau dans son journal.

Condamné encore à la déportation, il se réfugia dans les montagnes du Jura et ne revint à Paris qu'après le 18 brumaire.

Sous la première Restauration, il fut nommé censeur des journaux et reçut la croix d'officier de la Légion d'honneur. Après les Cent-Jours, il fut élu député dans le département de l'Ain.

L'opposition qu'il fit dans son journal au ministère Villèle lui attira une disgrâce; il ne reprit qu'en 1828 sa place de lecteur du roi.

En 1830, il se retira à Passy, où il mourut.

Son principal ouvrage est l'*Histoire des Croisades*, publiée de 1811 à 1819.

## CURIAL

Curial (Philibert-Jean-Baptiste-Joseph, comte de), né à Saint Pierre d'Albigny, le 21 avril 1774, mort à Paris, le 29 mai 1829. — Curial fit ses premières armes comme capitaine dans la légion des Allobroges ; il fit la campagne d'Égypte, revint avec le grade de chef de bataillon et fut nommé colonel en 1804.

Sa belle conduite à Austerlitz lui valut le grade de colonel-major des chasseurs à pied de la garde impériale et la croix de la Légion d'honneur. Il fut colonel-commandant après Eylau, général de brigade après Friedland et fit, comme général de division, la campagne de Russie. Il soutint, dans le désastre, l'esprit de son corps d'armée et mérita les éloges de l'empereur.

En 1813, il reçut le commandement de treize bataillons de jeune garde qu'il venait d'organiser et se distingua à leur tête aux combats de Wachau et d'Hanau.

Nommé pair de France et commandant de la 19ᵉ division militaire lors de la première Restauration, il retourna à ses anciens drapeaux pendant les Cent-Jours et combattit à Waterloo. Louis XVIII lui conserva néanmoins ses dignités en 1815, le nomma même premier chambellan et grand maître de sa garde-robe.

Curial se distingua encore dans la campagne de 1823 en Espagne.

En se rendant à Reims pour le sacre de Charles X, il fit une chute dont les suites le déterminèrent à la retraite.]

## DUPANLOUP

Dupanloup (Félix-Antoine-Philibert), né le 3 janvier 1802, à Saint-Félix, près Chambéry, mort à Orléans, le 11 octobre 1878. — Élevé d'abord chez un de ses oncles dans un presbytère de campagne, Dupanloup vint à Paris fort jeune, suivit les catéchismes de Saint-Sulpice, où il se trouva en contact avec les membres les plus éminents du clergé d'alors.

Il entra au petit séminaire de Saint-Nicolas-du-Chardonnet, puis, en 1821, au séminaire d'Issy et fut ordonné prêtre en 1824. Il fut vicaire à la Madeleine, où il attira l'attention par ses catéchismes, puis à Saint-Roch, dirigea pendant quelque temps le petit séminaire où il avait été élevé et ouvrit, en 1834, à Notre-Dame, des conférences remarquables.

Une chaire d'éloquence sacrée lui fut confiée à la Sorbonne en 1841. Il fit à cette époque son premier voyage à Rome, où il fut bien accueilli; à Turin, Charles-Albert lui fit sans succès les offres les plus séduisantes pour qu'il se fixât en Italie.

A son retour, il dirigea un journal catholique où brilla son talent de polémiste.

Evêque d'Orléans en 1848, Dupanloup fit partie de la commission qui élabora en 1850 la loi sur l'enseignement primaire; l'Académie française lui ouvrit ses portes en 1854.

Dans plusieurs écrits publiés en 1859 et 1860, il défendit le pouvoir temporel et se prononça contre l'infaillibilité du pape, qu'il reconnut ensuite.

Pendant la guerre de 1870-1871, il prit la défense des habitants d'Orléans, flétrit les excès des Prussiens et subit pour ce motif une assez dure captivité.

Elu député en 1871 par les électeurs du Loiret, il siégea au centre droit, vota pour le renversement de M. Thiers au 24 mai et contre l'amendement Wallon qui a fondé la République. Il fut élu, en 1875, sénateur inamovible.

Dupanloup publia de nombreuses brochures et des lettres.

Son ouvrage le plus important est l'*Education*.

## BRUN

Brun (Jacques-Antoine, dit Brun-Rollet), né à Saint-Jean-de-Maurienne, le 25 juillet 1807, mort à Khartoum, le 25 septembre 1858. — Ayant achevé ses études au collège de Saint-Jean, le jeune Brun fit à Genève la connaissance d'un botaniste que le gouvernement français envoyait en mission en Egypte et accepta avec enthousiasme la proposition de partir avec lui. Sa mère lui refusant son consentement, nécessaire pour sortir des Etats sardes, il engagea un de ses condisciples,

Rollet, de Villargondran, orphelin, à se faire délivrer un passeport et s'en servit après avoir fait précéder le nom de Rollet du sien.

Arrivé en Egypte, il remonta le Nil pour la première fois en 1831, atteignit les frontières de l'Abyssinie et se proposa d'explorer ces contrées encore inconnues. Il s'établit à Khartoum et, sous le nom de *marchand Yacoub*, fit du commerce avec les peuplades soudaniennes des bords du Nil. Il courut de grands périls et subit des vexations de la part des gouverneurs qui voulaient conserver le monopole des transactions. C'est sur ses plaintes que le vice-roi d'Egypte décréta la liberté du commerce et de la navigation dans le Soudan oriental.

Brun-Rollet vint en 1855 à Paris, où, membre de la Société de géographie, il publia un ouvrage fort estimé : *Le Nil Blanc et le Soudan*.

De retour à Khartoum, avec le titre de vice-consul de Sardaigne, il profita des facilités que pouvait lui procurer ce titre pour explorer les rives marécageuses du Bahr-el-Gazal, qu'il croyait être le vrai Nil. Il adressa une relation de ce voyage au ministre des affaires étrangères à Turin.

Il préparait une troisième expédition quand la mort le surprit.

Par son testament, il léguait sa fortune à sa ville natale qui ne fit pas les démarches nécessaires pour en prendre possession.

## LANFREY

Lanfrey (Pierre), né à Chambéry en 1828, mort en 1877. Né d'une famille originaire de Termignon, Pierre Lanfrey fit une partie de ses études au collège de Saint-Jean-de-Maurienne. Il se livra à la littérature, s'engagea pendant la guerre franco-allemande et fut plus tard ambassadeur de la République française à Berne. On a de lui une remarquable *Histoire de Napoléon I*er*, un *Essai sur la Révolution française*, et divers autres ouvrages.

Ces biographies sont loin de comprendre tous les hommes illustres nés dans le département de la Savoie;

sans en épuiser la liste, nous pouvons encore citer :

Au XIII⁰ siècle :

*Pierre de Tarentaise*, né à Moutiers, qui devint archevêque de Lyon, ensuite pape sous le nom d'*Innocent V*;

Au XVII⁰ siècle :

*Combet*, né à Saint-André, qui publia des mémoires sur l'histoire de la Maurienne;

Le marquis *Castagner de Châteauneuf*, né à Argentine, qui fut ambassadeur, puis prévôt des marchands de Paris sous la Régence;

*Marcoz*, né à Jarrier, médecin, mathématicien et astronome, qui fonda l'école de dessin de Chambéry;

Au XVIII⁰ siècle :

*Dacquin*, né à Chambéry, qui fut un des premiers médecins aliénistes;

Les frères *Dufour*, nés à Beaune, qui furent peintres de la cour de Sardaigne;

Enfin, au XIX⁰ siècle :

Les frères *Mollard*, nés à Albens, qui devinrent des généraux distingués;

Les frères *Poncet*, nés à Lanslebourg, et *Vaudey*, né à Saint-Michel, qui explorèrent l'Afrique.

# TABLE ALPHABÉTIQUE

## DES PERSONNAGES REMARQUABLES DE LA SAVOIE

| | |
|---|---|
| Boigne (de) | 16 |
| Brun | 21 |
| Castagner de Châteauneuf | 23 |
| Combet | 23 |
| Curial | 20 |
| Dacquin | 23 |
| Doppet | 16 |
| Dufour (frères) | 23 |
| Dupanloup | 20 |
| Fodéré | 18 |
| Frézier | 15 |
| Lanfrey | 22 |
| Maistre (Joseph de) | 17 |
| Maistre (Xavier de) | 18 |
| Marcoz | 23 |
| Michaud | 19 |
| Millet de Challes | 14 |
| Mollard (frères) | 23 |
| Pierre de Tarentaise | 23 |
| Poncet (frères) | 23 |
| Saint-Réal (de) | 15 |
| Seyssel (de) | 14 |
| Vaudey | 23 |

Émile Colin. — Imprimerie de Lagny.

www.ingramcontent.com/pod-product-compliance
Lightning Source LLC
Chambersburg PA
CBHW060900050426
42453CB00011B/2055